Así viajamos

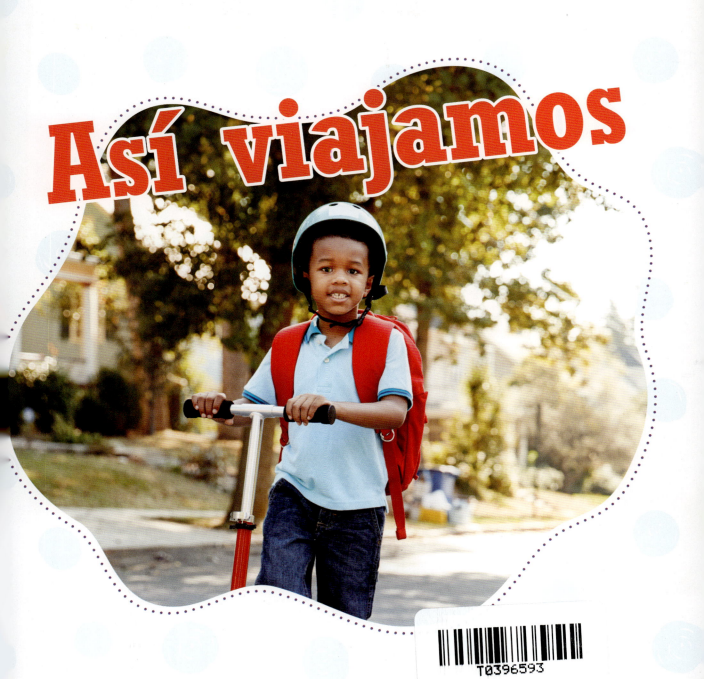

Jill Malcolm

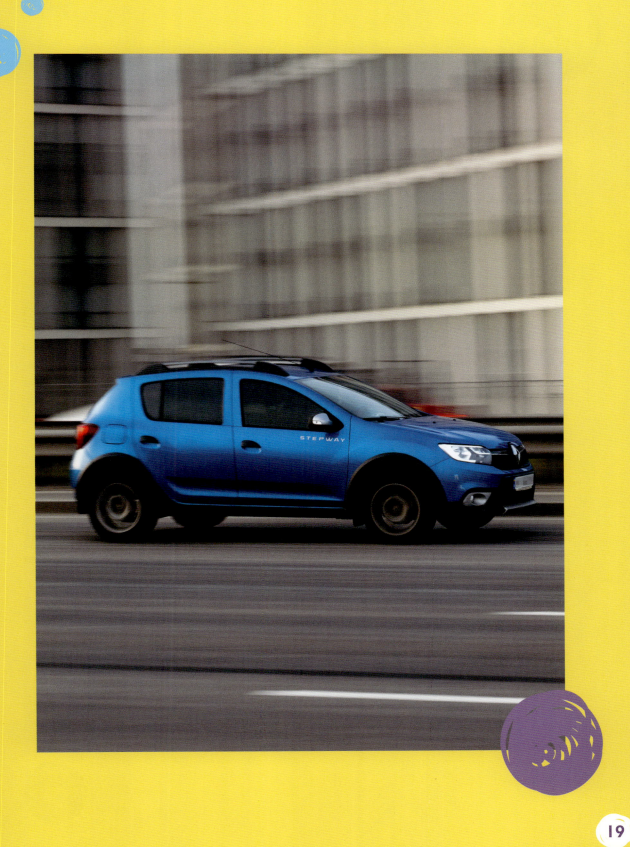

Notas para los adultos

Este libro sin palabras ofrece una valiosa experiencia de lectura compartida a los niños que aún no saben leer palabras o que están empezando a aprender a leer. Los niños pueden mirar las páginas para obtener información a partir de lo que ven y también pueden sugerir textos posibles para contar la historia.

Para ampliar esta experiencia de lectura, realice una o más de las siguientes actividades:

Pídale al niño que le cuente qué medios de transporte ha usado.

Al mirar las imágenes y contar la historia, introduzca elementos de vocabulario, como las siguientes palabras y frases:

- autobús
- automóvil
- avión
- bicicleta
- caminar
- camioneta
- carrito de bebé
- ir
- metro
- monopatín
- moverse
- patineta
- pies
- transporte
- triciclo

Comente con el niño cómo cambian los medios de transporte que usan las personas a medida que crecen. Hablen de cómo pueden usarse a distintas edades esos u otros medios de transporte.

Después de mirar las imágenes, vuelvan al libro una y otra vez. Volver a leer es una excelente herramienta para desarrollar destrezas de lectoescritura.

Pídale al niño que clasifique los medios de transporte en distintas categorías, por ejemplo, los que van por aire, por tierra o por agua.

Asesora
Cynthia Malo, M.A.Ed.

Créditos de publicación
Rachelle Cracchiolo, M.S.Ed., *Editora comercial*
Emily R. Smith, M.A.Ed., *Vicepresidenta superior de desarrollo de contenido*
Véronique Bos, *Vicepresidenta de desarrollo creativo*
Dona Herweck Rice, *Gerenta general de contenido*
Caroline Gasca, M.S.Ed., *Gerenta general de contenido*

Créditos de imágenes: todas las imágenes cortesía de iStock y/o Shutterstock

Library of Congress Cataloging-in-Publication Data
Names: Malcolm, Jill, 1984- author.
Title: Así viajamos / Jill Malcolm.
Other titles: Going places. Spanish
Description: Huntington Beach, California : TCM, Teacher Created Materials, [2025] | Audience: Ages 3-9 | Summary: "We're on the go from the time we are born! And there are so many ways to get from here to there. Follow the journey a growing person might take from being pushed in a stroller to driving a car-and teaching someone new how to walk!"-- Provided by publisher.
Identifiers: LCCN 2024025730 (print) | LCCN 2024025731 (ebook) | ISBN 9798765961919 (paperback) | ISBN 9798765966860 (ebook)
Subjects: LCSH: Transportation--Juvenile literature. | Transportation--Pictorial works--Juvenile literature.
Classification: LCC HE152 .M2518 2025 (print) | LCC HE152 (ebook) | DDC 388--dc23/eng/20240709

Se prohíbe la reproducción y la distribución de este libro por cualquier medio sin autorización escrita de la editorial.

5482 Argosy Avenue
Huntington Beach, CA 92649
www.tcmpub.com
ISBN 979-8-7659-6191-9
© 2025 Teacher Created Materials, Inc.
Printed by: 926. Printed in: Malaysia. PO#: PO13820